◎◎ 佐藤妈妈的

精英育儿心得帖

带来幸福与成功的53句话

[日]佐藤亮子 著
[日]熊野友妃子 绘
鸿慈 译

世界图书出版公司
北京·广州·上海·西安

图书在版编目(CIP)数据

佐藤妈妈的精英育儿心得帖：带来幸福与成功的53句话/（日）佐藤亮子著；（日）熊野友妃子绘；鸿慈译.—北京：世界图书出版有限公司北京分公司，2021.8（2023.4重印）
ISBN 978-7-5192-8261-5

Ⅰ.①佐… Ⅱ.①佐… ②熊… ③鸿… Ⅲ.①儿童教育－家庭教育 Ⅳ.①G782

中国版本图书馆CIP数据核字(2021)第014207号

书　　名　佐藤妈妈的精英育儿心得帖：带来幸福与成功的53句话
ZUOTENG MAMA DE JINGYING YU'ER XINDETIE : DAILAI XINGFU YU CHENGGONG DE 53 JU HUA
著　　者　[日]佐藤亮子
绘　　者　[日]熊野友妃子
译　　者　鸿　慈
责任编辑　张建民　董　亚
特约编辑　李佳凡
装帧设计　守　约

出版发行　世界图书出版有限公司北京分公司
地　　址　北京市东城区朝内大街137号
邮　　编　100010
电　　话　010-64038355（发行）　64037380（客服）　64033507（总编室）
网　　址　http://www.wpcbj.com.cn
邮　　箱　wpcbjst@vip.163.com
销　　售　各地新华书店
印　　刷　唐山富达印务有限公司
开　　本　787 mm × 1092 mm　1/32
印　　张　5.5
字　　数　53千字
版　　次　2021年12月第1版
印　　次　2023年4月第2次印刷
版权登记　01-2021-0973
国际书号　ISBN 978-7-5192-8261-5
定　　价　29.80元

目 录

PART 2
不要输给自己

PART 3
不要输给常识

PART 4
不要输给环境

PART 5
与自己和解

PART 6
让育儿成为乐趣

前　言

2017 年的春天，我女儿考上了东京大学理科三类（以难考著称的医学部），开始享受她的大学生活。看着她的身影，我真是感慨万千——三个儿子、一个女儿，我的育儿生活终于结束啦!

在养育孩子的这 26 年里，我每天都会想很多事情，做不同的努力，跟孩子们一起生活。现在回头看看，很多开心和辛苦的事情都还历历在目。

大概从两年前开始，我有幸得到了在全国各地开办演讲会的机会。演讲会上来了许多年轻的妈妈，在我演讲完之后，她们开始向我提问或是讲述自己的故事。我这才知道，原来如今的年轻妈妈们，在育儿过程中遇到的烦恼跟我当初遇到的是一样的。育儿的烦恼和辛劳，真是不管在什么时代都不会变呢。

只不过，随着时间的推移，考试制度逐渐在改变（比如英语科目占的比重更大了），妈妈们的烦恼似乎也变得更多了。在这里，我想向她们传达我在养育了 4 个孩子之后的心得体会。怀着希望正在育儿的妈妈们能够放轻松一些，且更加享受育儿这个过程的迫切心情，我写下了本书中的 53 句话。

这 53 句话也是我做过的演讲中的精华。

在这本书中，你找不到很具体的学习或备考技巧。我在书中写的，都是一些能够帮助妈妈们在育儿生活中更容易整理自己的情绪，或是更容易乐观看待生活的“心得”。书中每一节开头都是由这些“心得”浓缩而成的“一句话赠言”，之后的内容是对这句话的说明和解释。

我将这些“心得”按照对象分成了关于孩子、关于自己、关于环境等六个章节，不过即使你不按顺序从第一页开始看，也可以充分享受这本书的内容。我知道妈妈们都是很忙的，所以只要有那么一点空闲的时间随便翻翻这本书，哪怕只是读上一句话，应该也能帮助自己减轻一点肩上的重担，继续快乐地养育孩子。另外，如果你正在为某些事情烦恼的话，可以随手翻开一页，将里面的“心得”记在心里，并把它当作今天一整天的“心灵作业”。即使只能帮助你迈出找回积极心态的一小步，我也会非常开心。

这里的每一句话，都是我用心写就的，希望它们能够成为所有父母的应援歌。如果你看过这本书之后，能够笑一笑、想一想，并将书中的内容化作自己明日的力量，就是我最大的幸福了。

PART 1

不要输给孩子

孩子都是小白眼狼

基本上，孩子都是以自我为中心的，他们的行动完全出于自己的感情和欲望。当然，每个孩子都不一样，也不能一概而论。但总的来说，想要让他们认识到“有人在为我尽心尽力地付出”，乃至抱有感恩的念头，还是得再等上好几年。这也是没办法的事情，毕竟他们还是正在成长的小生命呀！

话说回来，我认为养育孩子时不让孩子感觉到所谓的“亲恩”，才是最好的育儿方式，毕竟我们养育孩子并不是为了让他们报恩。为人父母最大的愿望总归是孩子能健健康康地长大，以后自己也能好好生活。所以在孩子能够自立之前，还请父母不要忘记，你的角色只是“陪跑员”而已。

如果孩子忘记了“母亲节”“父亲节”或者是“父母的生日”，也请不要责怪他们，换个角度想，这也许只是因为父母身体健康，所以孩子放得下心，才会一时疏忽。

也只有这段时期，父母才能陪孩子同悲共喜，可以说，这是孩子人生中最可爱的一段时光了。父母们不如好好享受这段时光吧！

话要说出口

眼神交流、察言观色……这些都只是不切实际的幻想罢了。人类主要是靠语言来沟通的，但就算是用语言进行交流，有时候也会误解对方的真实想法呢。

更何况，孩子们还是正在学习语言的“新新人”，所以父母想让孩子明白自己的意思，就要尽可能地通过语言来表达。如果孩子听不懂你说的话，那就换一种表达方式；如果还是不行，就换第二种、第三种……直到孩子能够理解为止。父母坚持通过语言交流，孩子的语言能力就会提升得更快、更好。因此，父母要尽量多说话，并多运用不同的表达方式，这对孩子一生的成长都会有很大的帮助。

作为父母，平时也请努力多读书，增加词汇量，丰富自己的表达方式吧！

无心之过也是过

我们想象这样一个场景：孩子在做数学作业，答案明明是“2”，他却写成了“1”。这时候，妈妈一般都会说“这是因为粗心大意才做错的呢，真可惜”之类的话来鼓励孩子，这也是很好理解的，毕竟“2”和“1”也就只差了“1”嘛。然而，这可不是差多差少的问题，父母要让孩子正确认识到“这道题做错了”。不管是差了“1”还是差了“5”，错了就是错了，考试的时候这样是得不到分的。

所以，今后请不要再使用“无心之过”这种说法了。听到父母这样说，孩子很容易理解成：“虽然这不是正确答案，不过也勉强还可以啦。”但是，实际上怎么会是“还可以”呢？得不到分的答案就是错误的答案。

在这里奉劝父母们，一定要注意自己对孩子的说话方式。父母不经意说错一句话，导致孩子后来犯下大错，这样的事例可一点儿都不少见。

孩子基本都是小懒虫

你是不是认为，孩子既然上了学，就理应努力学习呢？如果你有这样的想法，那么不妨想想小时候的自己……如果父母不开口，你能坚持每天按时自觉坐到书桌前吗？

就连我们大人，有时候也会因为眼前有更喜欢的事情、更轻松的工作可以做，而不知不觉间就把真正需要做的工作推到了后面呢。基本上，人类的天性就是懒惰，更何况是这么小的孩子呢！所以，如果孩子磨磨蹭蹭地不愿意去学习，也请不要太过生气。在大声斥责他们"还不去做功课"之前，首先做一个深呼吸，然后问孩子："我们一起做作业好不好？"这样做的效果会比你想象中要好很多！

请记住，两个人一起学习的时候才是最开心的。

孩子们总是会成长的

孩子们每天都在成长。昨天还完全做不到的事情，今天突然就能做好了，这样的事例也是有的。所以，孩子一做不好事情，父母就责问“你怎么就不行呢”的做法其实是很不讲道理的，而且也没有任何意义。就算现在确实不行，说不定到了明天孩子就能做好了呢。

父母要记住一点，不要因为当下孩子“做得到”或者“做不到”就对孩子做出情绪化的言行。不要太过担心，他们总是会成长的。

孩子不会无故哭泣

每天生活在孩子哭声中的父母很容易就会忘记一件事——孩子不会无故哭泣。为什么小孩子的哭声很刺耳？因为这原本就是一个他们用来吸引父母注意而提高自己生存率的机制，是生存本能让它变得这么“刺耳”的。但是，父母在育儿时期太忙，听到这样刺耳的哭声会产生不耐烦的情绪，结果“哭泣”本身就成了父母责怪孩子的原因。

孩子是不会无缘无故哭泣的。但是，孩子跟我们大人不一样，没办法好好用语言表达自己哭泣的原因，所以哭泣就成了他们的语言。

所以，孩子哭起来的时候，一味责备他们是无法解决问题的。孩子为什么要哭？他们想用哭泣表达什么？首先要弄清楚这件事才行。如果孩子已经可以说话了，就想办法让他们慢慢说出来，父母要做到不发火、不责骂，扮演好一个倾听者的角色。如果孩子还不会说话，父母就要费心一些，把能考虑到的导致他们哭泣的原因全部梳理一遍。

这其实不仅限于哭泣的问题。有时候孩子不按父母的预期行动，父母也很容易因为他们表面上的“行为”而斥责他们。但是，这就跟孩子的“哭泣”一样，孩子的行为也一定是有理由的，他们只是无意识地“用行为代替语言”来向父母表达而已。父母要耐心观察，透过孩子表面的行为，观察他们实际上想表达的意思。

毕竟，这是只有父母才能做到的最重要的工作啊！

PART 2

不要输给自己

20% 的时间给自己

所谓 20%，是指父母在育儿时对时间的分配，将 80% 的时间分给孩子，剩下的 20% 用来做自己的事情。20% 的时间，完全可以满足父母最低的个人需求。毕竟你能用在孩子身上的时间只有十多年而已，之后的几十年时间都是完全属于自己的嘛！

育儿是一份为社会输送人才的责任，因此在养育孩子的这十几年间，父母都请做好心理准备。这是不让自己后悔生育孩子的基本条件。

要手机，
还是要孩子？

之前我看过一位脑科学者的著作，对里面的内容感到十分震惊。书里写道，现在很多年轻的父母会一边给孩子喂奶一边玩手机，长此以往，会导致孩子后续大脑发育进程缓慢。

宝宝喝奶的时候，一般会一动不动地盯着妈妈的眼睛看。这时候，妈妈也应该温柔地凝视着宝宝，偶尔还可以说两句话，或者唱唱歌。按书里的说法，这个行为可以给宝宝正处在发育初期的大脑带来极大的益处。专家称，婴儿时期是人一生中最重要的时期，如果宝宝意识到父母的注意力没放在自己身上，那么其大脑的发育可能会受到很大的负面影响，真是可怕啊！

在这个时期，父母跟自己孩子肌肤相亲的时间和对视的时间是最多的，所以这是一个无可替代的时期。然而，这个时期又十分短暂，父母切勿沉迷于手机、聊天、漫画、游戏等，而白白浪费了孩子发育的大好时机。父母的无知可能会毁掉孩子的人生，这是必须记住的。

这句话你敢不敢跟隔壁家的孩子说？

作为父母，应该都有这样的经验：一对着自家的孩子，就容易口无遮拦，想到什么就直接说出来了。比如孩子考试成绩不好的时候，父母张口就是“我要是你就没脸去学校了”“这分数啥都别指望了”“没脑子”……对父母来说，这可能只是随口抱怨一下，可是孩子最在意的就是父母的反应，连自己信赖的父母都这样说，孩子的内心是真的会受伤的。更糟糕的是，就算父母说的话让孩子受了伤，但考试没考好的毕竟还是孩子自己，所以孩子最后还是会责怪自己。

各位父母可不能这样伤自己最爱的孩子的心。

有时候我也会忍不住想说这样的话，但这种时候我就会使用“隔壁家孩子滤镜”（这是我自己取的名字）。你想对孩子说的这句话，敢不敢一字不差地对隔壁家的孩子说呢？恐怕是不敢的吧。不敢对别人家的孩子说的话，对自己的孩子却张口就来，这可不对。自己的孩子和隔壁家的孩子一样，也是会受伤的。

不敢对隔壁家孩子说的话，也绝对不要跟自己家孩子说，这是铁律。

别用“可是”回应建议

在养育孩子方面，很多资深妈妈的经验之谈都能派上用场。正因为她们都知道养儿不易，所以才会建议你“这样做比较好”或者是“我用了这个方法感觉帮助挺大的，你也试试吧”等。当然，每个家庭的情况都不一样，可能也会有各自的问题。可她们也是在理解这些的前提下给出建议的，有些人却用“可是……”来回应。“可是我们家……”“可是我孩子……”“可是我……”听到这种话，恐怕大家都会想“以后别再给这个人提建议了”吧。

有人给自己提建议的话，首先要道谢。至于你接不接受这个建议，那是另一回事，再说你也没必要特地跟对方说明。

不光是育儿的父母，无论是持什么立场的人，认真倾听他人的意见都是非常重要的。“不听外界的意见，就不会有进步”，父母要把这个原则言传身教地教给孩子才行。

回复要果断

孩子一上学，各种活动就会接踵而来。身为父母，你可能需要参加教师家长协会或者家附近的家长聚会，这样一来当然会被安排工作了。“下星期的 ×× 就麻烦你负责了”或者是“×× 集会的时候，可以请你记一下大家的考勤吗？”等。总有这么一些人，在工作落到他们头上的时候百般推脱。当然“家家有本难念的经”，有时候可能真的就是因为有急事做不了，而我说的“这么一些人”是那种不管被安排什么工作都会先用“啊？”或者“可是”来回答的人。“啊？不能找别人吗？”“我不太方便……”，会这样说的人，基本上任何时候都是会说同样的话的。慢慢地，没有人会再请求他们做什么，他们也就不会再得到别人的“信赖”了。

在家里也是一样的。当孩子遇到了问题来找父母商量“能不能帮我看看这个？”时，父母最好的做法是马上回答“好”。孩子来找你商量事情的时候，你一定要果断回复，其他事都可以暂时放在一边。这样做才能建立起亲子之间绝对的信赖关系。

世上没有什么
心意相通

对于彼此信任的人，特别是家人，人们很容易过于依赖这份信任，且产生“这点小事就算我不说，他也会明白”的错觉。前面我也写到过，这种事情实际上是不可能的。因为人类没有看透对方内心的“超能力”，所以才会有这么发达的语言系统，用以传达自己内心所想。

不管是对孩子，还是对配偶，都要从对话开始。郁闷的事情、不满的事情、想要对方去做的事情以及自己内心的想法……要尽可能详细地用语言表达出来。换个角度想，有很多事你也会希望对方说出来，免得自己一头雾水，对不对？理解总是相互的。

妈妈都是能量源

你知道吗？能量总是会自发地从高处流向低处。只要妈妈保持乐观的情绪，那么就算孩子一时心情低落，也会被妈妈的情绪慢慢感染而开朗起来。不是有句老话说“妈妈是太阳”吗？妈妈的温度是会扩散到家里每一个角落的。反过来，如果妈妈无精打采，家里的能量就会全部流到妈妈身上，那么整个家的氛围就会变得压抑。所以，我希望妈妈们能够尽量“保持开朗乐观的态度”。

当然，成为一位妈妈之后总会有疲惫的时候，这种时候还请不要勉强，就稍微向孩子们借一点能量吧！

辛苦的不光是你

养育孩子之后，有时候确实会觉得“真的坚持不下去了……”我也曾经觉得自己是世界上最辛苦的妈妈，但是冷静下来想一想，就算同样是生育4个孩子，同时生下四胞胎的妈妈肯定比我辛苦多了。这样一比较，我就会觉得自己好像还算轻松的。

哪怕只有一个孩子，育儿之路也是非常辛苦的。同为母亲，我们都能理解。

只要是做妈妈，都非常辛苦，感到辛苦的不光是你。所以不如换个角度，将这份辛苦看作父母的“特权”，好好体验吧。跟自己的孩子一起走过这些艰难的日子，才正是养儿育女的精髓所在啊！

今天就来扮演
“梦想中的自己”吧

每天忙忙碌碌的生活，很容易让人摆出苦瓜脸，做事都没了那份从容。幸运女神是不会眷顾这种人的，所以不如试试做一些能让自己乐在其中的事情吧！比如，先决定好“今天我要做一名意大利厨师”，然后尽可能“入戏”。只是换件红绿配色的围裙，也会有点意大利厨师的感觉。接下来像意大利人那样热情且大声地向孩子们打招呼，并用夸张一点的表情赞美他们，午餐的意大利面比平时多撒几种调料，诸如此类。如果想挑战更高的难度，那么你还可以尝试“当红歌手”或者“资深客舱服务员”之类的角色（笑）。

总而言之，可以选择在哪一天，找到一个能让大家都打起精神的“梦想中的自己”的形象，然后努力扮演这个仅限一天的角色。只要把这个当成“表演”，会很意外地发现其实很轻松就能做到。发现自己崭新的一面，也是一种乐趣哦！

一只手也能洗好脸

最小的女儿出生之后，我每天都要给 4 个孩子洗澡。那时候大儿子 6 岁，二儿子 5 岁，三儿子 3 岁，浴室对他们来说还很危险，所以我要一边抱着女儿，一边看好 3 个儿子。洗脸的时候，我会坐下来把女儿放在腿上，一只手牢牢抱住她，另一只手速战速决。只用一只手，居然也洗得很干净，我自己都很佩服我自己。

如果你觉得自己被孩子“害得”失去了自由，那么不妨换个角度想，“养孩子让我变得好厉害，现在都能用一只手洗脸了”……你看，只是换个想法，是不是感觉整个人都乐观向上了呢？

“装聋作哑”最重要

越是认真育儿的父母，越容易在意其他人的话。总有人会不负责任地评头论足，如果别人说什么都照单全收，那基本上就什么都没法做了。

所以，如果有人对你说些负面的话，基本上左耳进右耳出，“装聋作哑”就可以了。遇到伤心事也好，有人说风凉话也罢，只要能做到一笑而过，人生就会变得轻松。

当然，如果别人的建议能够让自己有所提高，或是有值得学习之处，那可不能置若罔闻，要虚心接受，不断接受能让自己变得积极乐观。

如果遇到可能会给自己留下阴影的事情，就当作看不见也听不见吧。因为外人一句不负责任的非难或是批评而伤心难过好几天，完全是浪费时间，实在不值得。

要想学会“装聋作哑”，只要做好对自己的整个人生负起责任的心理准备就可以了。

妈妈的
好奇心 = 孩子的
学习能力

孩子们随时都在观察妈妈对什么事物感兴趣。随着这种观察，很多时候孩子们也经常会对那些事物产生兴趣。另外，如果妈妈对各种事物都充满好奇心，并且拥有强大的行动力，那么孩子也会受到其影响而发展出充满好奇心的性格，这样的性格对他的学习很有帮助哦！

妈妈时刻勇于尝试各种事物的姿态，会直接影响到孩子的学习能力。请千万不要忘记这一点哦！

工欲善其事，
必先利其器

不管是学习还是玩耍，道具都是很重要的。使用好的道具（但也不必一味追求高价品），孩子创造的成果也会更好。学习音乐要用乐器，学习毛笔字要用毛笔，学习文化课要用练习册，不管是什么学科、什么领域，道具总是必要的。

跟大人相比，孩子们更容易只看重结果而不在意过程。所以如果道具不够好，导致孩子没能得到好结果的话，孩子就可能失去自信，或者失去干劲。

另外，从小培养孩子分辨“好东西”的眼力，也会给孩子以后的人生带来很大的帮助。

“做不到”不是
能力的问题，
而是做法的问题

孩子学习遇到挫折的时候，有些妈妈会责骂他们：“你怎么就做不到呢！”这跟在孩子哭泣的时候怒斥“哭什么呀！”一样，没有任何意义。学习过程不顺利，也一定是有原因的。如果妈妈是孩子的陪读，那么妈妈的陪读方式也一定有问题。

比如，孩子有一个字不会写，或者记不住正确的笔画顺序，针对这些很常见的问题，我采取的方法是，先让孩子们尽可能把字写大。每升一个年级，课本和习题册上的文字都会变小，孩子们记笔记的字也会慢慢变小。汉字写得小的话，有些部首胡乱写了也没人察觉得到，坏习惯就很容易一直保留下去。所以，我让孩子记笔记的时候尽量把字写大，有时也会把他们写的字扫描之后放大打印出来，然后确认他们是不是真的写好了。把字写大，细节之处就无法再敷衍了事，父母也容易指出错误。除了习字以外，算术也是。有一次孩子要做的题目字体印得太小，看起来感觉很难，可是等我放大文字再一看，孩子居然说："什么嘛，原来这么简单啊！"这让我吃了一惊呢。

很多时候，像这样稍微改变一下"做法"，就能得到完全不同的结果。

不要把"做不到"的责任都推给孩子。其实这也适用于除育儿以外的任何事情，人不能一遇到挫折就把责任都推给其他人。当你遇到挫折时，请先想想能不能通过改变自己，或是改变自己的做法来改善状况呢！

PART 3

不要输给常识

一心不能二用

忙得不可开交的时候，我不止一次想过，如果能变成“千手观音”就好了。但是，人不可能变成“千手观音”，所以最后我决定接受现实。

你能一边准备晚饭，一边陪孩子学习，并且两边都做得百分百完美吗？我想应该没人能做到。就算只做家务，一个人一般也做不到同时做两种家务的嘛。

只要想着“用不着同时做几件事吧”，手头上的那一件事会意外地很快就能做完，然后马上又能开始做下一件事。仔细想想，这也是理所当然的，人类当然是专心致志于一件事的时候效率比较高。如果同时兼顾好几件事，“注意力”就分散了，效率当然也会变低。

越是忙碌，越要静下心来，一件事一件事按顺序来做哦！

你说的“常识”是谁的常识?

在这个世界上，充满了不知是谁定下的“常识”，特别是在养育孩子这方面，从古至今不知有多少老生常谈的“常识”，其中有很多早就已经与现代教育理念和现代人的家庭环境脱节了。可是，总有些“没常识”的人，拿这些空洞的“常识”当挡箭牌来批判其他人。

外人是不需要负任何责任的，所以如果他们拿“常识”来对你的事情横加干涉，你装作听不见就可以了。只要你是一心为孩子的将来而努力的，那么你就是“常识”。

批评不要带“朋友”

“你的朋友跟××同学不是就会吗？”“××妹妹可擅长这个了，你看看你”……责备孩子的时候，你是不是经常像这样搬出孩子朋友的名字来呢？“人家都会，你凭什么不会”，这种“常识”对于孩子来说实在是蛮不讲理。再说了，从小灌输孩子个人竞争思想，对孩子的成长没有任何好处，反而可能导致他对你提到的那些孩子产生负面情绪。

孩子可能会因为竞争心而暂时进步，但是如果学习只是为了跟别人比较的话，那么他的最终目标无论如何也不可能设得很高。

父母一定要教育孩子，别人是别人，自己是自己，学习只不过是自己和自己的竞赛，是自己跟自己的梦想和目标竞争罢了。

爸爸，喝茶？

“一家之主”下班回到家，开门就对老婆喊：“喂，泡茶！”……日本电视剧里经常可以看到这种剧情。但是，这样的剧情根本一点儿都不现实。你想想，如果是有孩子的家庭，一般爸爸下班回家的时间段刚好就是妈妈做好了晚饭在陪孩子写作业的时间段。妈妈和孩子刚刚适应带着适度的紧张感投入学习的节奏，就算爸爸是一家之主，也不应该破坏这份节奏。学习的紧张感一旦消失，再要找回来就很难了。虽然爸爸工作了一天很辛苦，但妈妈也同样辛苦了一天啊！非但如此，爸爸结束工作回家之后，妈妈还要继续照顾孩子呢！

如果爸爸回到家，看见孩子正在跟妈妈一起学习，那就不要摆大男人的架子了，轻轻说句“真努力”吧！爸爸都已经是一家之主了，何不心胸开阔一些，主动给努力工作的妻子泡杯茶呢？

妈宝只是都市传说

如果妈妈为了孩子，特别是男孩子，拼命去努力的话，那么周围肯定会有人说“你这么宠他，他会变成妈宝哦”，或者“这孩子长大了肯定是个妈宝”之类的话。我也听过很多这样的话，但是实际上，“妈宝”和“孝顺”的区别到底在哪里呢?

如果儿子为妈妈做了什么事情，就会有人说他是“妈宝”，但同时也会有人说“真是个孝顺的好孩子”。大家都只是随口说出自己的感觉和意见而已，所以我觉得不用太过在意这些话。儿子备战中考，陪读的妈妈会被人说“小心他长大以后变成妈宝哦”，可是儿子要是落榜了，他们什么责任都不会负。不仅如此，要是儿子考试通过，“一百八十度大转弯”地说“真厉害，不愧是你”的还是这些人。

总而言之，如果对方非常了解你和你的家人，是不会说出这种话的。至于那些只看表面且说话不负责任的人，你没必要把他们的话当真。

就像我前面说的那样，我实在不明白“妈宝”到底是指什么。如果它是指一种病态的依存关系的话，那么正常人产生这种关系的可能性应该很低。就算这样的事情真的发生了，那也还是等真的发生的时候再想吧，现在就不要管周遭的杂音了，把全部精力用在你和孩子的相处上吧！

PART 4

不要输给环境

悲剧从比较开始

不管是什么事，比较都是没有尽头的。自己的财物，自己的生活，孩子的成绩……几乎跟自己有关的所有东西都可以跟别人的进行比较。

但是认真想想看，你平时比较的对象，其实都只限定在你自己熟悉的小圈子中而已。如果你经常拿自己的东西去跟“世界第一”的东西做比较，那可能还有一点催自己进步的意义，但是只跟自己生活的小圈子里的其他人比较，到底有什么意思呢？

“这山望着那山高”，这句俗语说得真的很好。人都有这样愚蠢的一面，无论事实如何，就是觉得别人的东西要比自己的好。

我前面也写过，拿自己的孩子去跟其他孩子比，是这些比较里最没有意义的一件事情。被父母拿来当作比较的对象，孩子也会非常痛苦的。

对父母来说，孩子是独一无二的存在，并不是什么可以进行比较的东西。请你在面对自己的孩子时，学会去爱最真实自然的他吧！

所居之处即天国

如果每天都过得手忙脚乱的话，你会不会产生“好想过不一样的人生哦”之类的想法呢？当我从贺年卡上得知学生时代的朋友们如今正过着多姿多彩的生活时，也曾经想过：“我现在在这里，是不是真的幸福呢？”

我也想象过在其他地方度过另一种人生的自己，但最后我想到：如果我无法对现在的生活感到幸福的话，那么在想象中的那个地方，恐怕也是找不到幸福的。

那么，有时间抱怨那些无法解决的问题和表达不满，还不如努力让自己更加享受现在的生活，这样才比较现实。

就像比利时戏剧家莫里斯·梅特林克创作的戏剧《青鸟》中说的一样，“幸福永远在你身边最近的地方”。我已经切身感受到了。

网络信息是洗脑之源

如今是网络时代，想查询必要信息非常方便，但同时，网络上也充斥着大量无用的抑或错误的信息。要分辨这些信息孰真孰假非常困难，所以很多人会选择对网络上的信息照单全收。养育孩子的时候，父母经常会感到困惑，但如果只靠引用网络信息来解决问题的话，分分钟就会被“洗脑”。

网络上的有些信息跟那些有作者署名的书籍并不一样，很多连出处都没有写明，只是一些匿名人士不负责任地随意乱写。当然，随便查查就可以解决的事情去上网查是没有问题的。但是除此之外，如果有想调查或者学习的事情，还请不要嫌麻烦，好好使用书籍和报纸这些媒介。多多使用纸媒体并引用正确的信息，对教导孩子也是有益处的哦！

“孤狼”更美也更强

那些动不动就爱扎堆的人，大部分都不太会自觉负起责任。他们会觉得，如果发生了什么事，把责任推给别人就能一身轻松了。

我希望自己能够成为一个自己能收集信息且在采取行动之后对自己负责的人，也希望孩子们成为这样的人。当然，我并不是要他们成为那种拒绝周围人关心的人，只是希望他们能够在珍惜自己的人际关系、与他人和谐共处的同时，自己做出决定。我希望孩子们不会害怕孤单。拥有面对孤单的勇气，在育儿的时候也是很有帮助的。没必要强迫自己去参加“妈妈友”小团体，偶尔跟邻居家那位养大了 5 个孩子的阿姨聊聊天才比较有益。没必要主动去孤立自己，但是也请不要害怕孤军奋战。

100 个人里有 99 个不会感谢你

就算你用尽全力去做一件事，且做出了很不错的成绩，但100个人里总是会有99个人只知道批评这个，抱怨那个。但是，只要第100个人会对你说“谢谢你！你真的帮了我很大的忙”，前面那99个人说过的话就都会被抵消掉。成年人的工作就是这么回事，只要能听到一个人说“有你真好”，就还能再忍受那99个人的非难。

养育孩子也是一样的，就算被人批评，就算得不到丈夫和孩子的感谢，只要能听到一句“你很努力呀”，就还能继续坚持下去。

你这么努力，一定会有人看在眼里，也一定会有人感谢你的。所以，不要再理会那99个人说的话了。

不要指望丈夫太多

如果夫妻俩都有工作，那么请一定把家务事和跟育儿相关的所有事情按日期和时间段安排好，做好明确的分工。如果不事先明确分工，日本的男人还是会试图把一切家务事都塞给妻子的。

如果妻子是职业主妇的话，那么多分担一些家务也是没办法的事情，直接放弃指望丈夫，权当家里没有这个人，心情上会比较轻松一点。就算要根据丈夫的工作量来公平分配家务和育儿的责任，但是要丈夫理解那些柴米油盐的琐碎家务怎么做也是件困难的事情。如果丈夫能完美扮演好“育儿煮夫”的角色，那自然是再好不过的了。但是如果不能兼顾育儿和工作，并导致丈夫的工作受到影响，那可就不好了。

所以，家务事和育儿工作最好由妈妈掌握主导权，让爸爸从旁支援。希望每个爸爸都能好好帮助妈妈，让妈妈觉得“跟这个人结婚太好了”。

什么“妈妈友”，
不存在的

前面也说过，“妈妈友”这种存在，没有也是没关系的。我再说一遍，这并不是希望年轻妈妈主动孤立自己，而是说，“妈妈友”是可有可无的存在。我们经常听到年轻妈妈因为“妈妈友”这层关系认识的人而烦恼，又或者是因为她们的缘故遇到麻烦事的故事。但反过来，也有人会觉得“受益匪浅”“还好认识了她们”。

简单来说，“妈妈友”不过就是妈妈们因为各自的孩子之间的关系而结识的朋友。普通的朋友一般就是两个成年人之间的事情，但在“妈妈友”的关系里总会有各家的孩子，这会使事情变得很麻烦。不管是同一个学校的“妈妈友”，还是同一个补习班的“妈妈友”，一牵扯到孩子的成绩，妈妈们的关系就很容易变得复杂。

基本上，只要孩子们升进不同的学校，“妈妈友”也就再也不见了。所以我认为，孩子的年龄层偶然一致的妈妈们，在某一短期内维持一份不冷不热的表面关系也就够了。如果你真的因为孩子而认识了知心的朋友，那可要好好珍惜这份缘分哦！

对方的笑容
是通往成功的路标

比如，你平时都没什么机会做一些特别花时间的料理，但突然有一天有了很多时间。请问你是会选择“挑战一下那道一直想试试的菜”，还是会选择“问问孩子们想吃什么”？你觉得，大家一起围坐在饭桌旁的时候，哪一种选择会带来一顿幸福的晚餐呢？

当然，每个人的感觉都不一样，但一般来说，选择后者会比较可能收获一顿充满欢声笑语的快乐晚餐。至少就我自己而言，我的家人满面笑容地说“好吃！”的时候，我会感觉比自己觉得“好吃”更幸福。

“对方的笑容”，我想，这恐怕才是养育孩子的终极目标。养儿育女的这段时间只是一段父母为了让孩子们能够度过一个充满欢笑的人生而陪伴他们成长的时间，并不是一段为了满足父母的私欲而存在的时间。父母再怎么努力，如果孩子们不开心的话，就没有意义了。当然，这不是要求父母对自家孩子言听计从，如果一时的严厉可以让孩子在不远的未来纵情欢笑的话，那么我想这也是没有任何过错的（陪读基本就属于这一类吧）。

不仅限于育儿，只要不只考虑自己，还把对方的笑容当作目标，人生的很多事情就会变得简单，并向好的方向发展！

PART 5

与自己和解

育儿就当玩游戏

我说过，不要一味追求把家务事和工作做得两全其美。要将育儿放在最优先的位置。话是这么说，但养育孩子倒也不必“拼上性命”。父母太“拼命”，孩子也只会感到沉重的“压力”。

事实上，养育孩子时最重要的是“放轻松”。

就算孩子的考试成绩不理想，但只要父母把心态放轻松，孩子就不会失去信心。

不管是平时的小考还是升学的大考，父母最好抱着“去打最终 BOSS（在游戏的最后出现的最强敌人）喽！”的轻松心态来准备。想挑战最强的敌人，当然就要先准备好各种各样的“道具”，只有这样才会安心。所以，平时就要好好努力，提升自己“读、写、算”的技能值才可以哦！

过好每一天

大考前三个月进入倒计时，不管是父母还是孩子，都会变得焦虑不安。我非常理解这份心情，但是不管怎么焦虑，时间的流逝也是不会改变的。

到了那个时候，父母就要谨记，每一天都要把全部精力集中在眼前的 24 小时上。“已经过去的事情没必要再想，还没发生的事情想了也没用”，抱着这样的心态，只关注“当下”，摒弃那些多余的杂念，每天尽量只考虑当天的事情，“过好每一天”。

以上说的这些，并不等于“不制订任何计划”。从现在开始到大考的那一天，怎么备考、怎么管理身体状态，这些都要父母好好思考，然后制订出一个详细的计划。

除了这些可以制订计划的事情以外，其他那些想也没用的事情，或者是焦虑也没用的事情，就干脆从脑子里丢出去吧。

严谨的计划和周全的准备才是让人过好“今天”、不左思右想的前提。

累了就睡觉

妈妈是育儿工作的核心人物，所以肯定会有累的时候。如果你觉得“今天有点不想动”，就直接向孩子们宣布：“妈妈今天休息！”然后你就放心躺下休息吧。当然，你可以把自己休息的日子定成孩子们“什么都不用做的日子”，这样他们会非常高兴地自己去玩，还会跟你说“妈妈，好好休息哦”之类的贴心话呢！

总而言之，不要把自己逼得太紧，这是很重要的。勉强自己的精神和身体，对你没有一点好处。

再说一次，“放轻松”。这真的很重要。你的健康永远是第一位的。

就算睡 10 个小时，
也还有 14 个小时呢

学习的时候让孩子集中精力好好学，该睡觉的时候也要让他们安下心来好好睡。举个例子，孩子一天睡 10 个小时，那也还有 14 个小时可以活动。只要拿 24 小时做减法，你就会发现一天的时间其实挺充裕的。只要让孩子在醒着的时候好好努力就可以了，充足的睡眠可是保证注意力集中的大前提。不光是孩子，父母也一样，想扮演精力充沛的角色，睡眠是最重要的。削减睡眠时间实在没有任何意义。

“每天都努力”，做不到啦

不管是对孩子还是对父母来说，“每天拼尽全力”都是不可能的事情。所谓生活，其实就是由连续不断的日常堆积而成的。父母可以试着转换想法，把目标换成“不做超出能力范围的努力，把眼前的事做好”吧！

人不是机器，所以实在难受的时候就不要勉强自己了。有时候稍微增加一点休息的时间也是没关系的。

“每天都要努力！”这种话只是没什么根据的唯心论，父母可不要因此太过勉强自己和孩子哦！

徒劳无功
也是常有的事

明明已经非常努力、非常认真地集中精神了，却还是得不到自己想要的结果，这种情况也是常有的。每个人都会有这样的经历，所以为此沮丧实在没有意义，完全是浪费时间。

“一直以来的努力”和“认真集中的精神”真的用对地方了吗？这样做真的会有效果吗？与其垂头丧气，不如把时间用在验证这些问题上。

这样一来，一定可以找到更好的方法，让下一次的结果更完美！

衣服晚点晾
也不会变坏

今天晴空万里，正适合洗衣服。任谁看见这种好天气，都会很想把积攒的脏衣服一口气全部洗干净，然后好好晾出去对吧？但是如果这时候孩子正在你身边，等着你给他们读绘本，那些衣服就先放一放吧！

我就坚持“绘本优先”的原则很多次，有几次确实也因为没及时晾衣服，弄得衣服在洗衣机里变得皱巴巴、硬邦邦的。不过，衣服皱了再洗一次就可以了，虽然有点浪费水，但是相比之下，破坏掉自己和孩子们无可替代的时间，才是最“浪费”的。

育儿的时候，有些家务活稍微放一放，你也根本不需要有罪恶感啦！

愿意帮助你的人，
还是存在的

前面我写到，当一只“孤狼”也挺好的。确实，做好这种心理准备是很重要的，但也没必要执着于“孤军奋战”。需要别人帮忙的话，就要把“请帮我”这三个字说出口。不管你遇到了多么大的麻烦，不发出“SOS”的信号，就没有人能察觉到。反过来，只要你发出了求救信号，就一定会有人愿意帮助你。那个人有可能会做出实际行动来帮你，也可能只是在远方给你加油打气，但是总而言之，这个世界并不是那么冰冷无情的。如果真的遇到了难事，还请拿出勇气寻求他人的帮助吧！

育儿没有两全其美

“两全其美”这个词，听起来真是不错呀！可以同步做好几件事，还能做得尽善尽美的那种人，实在是让人羡慕。但是，任何人的一天都只有 24 小时，应该怎么分配这 24 个小时，才是我们最现实的问题。

如果妈妈自己也在上班，那么家务活、育儿和工作这三者之间，总得排出个优先顺序来。一般来说，想要把这么多事全部做到百分百完美，大概是不可能的。

那么，如果妈妈是职业主妇呢？既然不用上班工作，那是不是就能做到两全其美了呢？

要让家里随时保持干净整洁，洗好的衣服晾干熨平，每日三餐营养美味，孩子学习的时候也全程陪伴且随时支援……这真的会比较简单吗？

职业主妇的一天也是只有 24 小时的。仔细想想这 24 小时里能做的事情，就会发现，职业主妇其实同样不可能做到两全其美。

但是，大家的理想好像都很远大，所以才会有那么多人烦恼“无法兼顾家务和孩子”。

请记住，“这世上没有两全其美”。当我在为养育孩子而手忙脚乱的时候，就经常用这句话告诫自己。尽全力，做好自己能做的事情，这样就够了。

这世上没有两全其美，所以偶尔有一天饭菜做得难吃了点也没关系，偶尔有一天没心情好好听丈夫说话也不用在意，偶尔有一天没空打扫卫生也是完全没有问题的。只有照顾孩子才是妈妈最重要的工作，也是妈妈唯一一件不能疏忽的事情。所以，在养育孩子期间，没必要考虑什么两全其美，也不要勉强自己，做好一个每天都很有精神的妈妈就够了。

PART 6

让育儿
成为乐趣

孩子的牙齿最重要

我们能够自己护理的身体部位，大概有皮肤、头发、指甲这些对吧？这些都会自己长长，或者通过新陈代谢不断更换。但是，牙齿跟它们不一样，只要受损一次，就要花一大笔钱去治疗，最坏的情况会严重损害整个身体的健康。

从孩子还小的时候开始，就要好好教他们，让他们认识到牙齿的重要性，并养成认真护理牙齿的习惯。

我想有些孩子是不知道怎么刷牙的，这时候父母就要从旁帮忙。把“刷牙时间”变成其乐融融的亲子时间，这样一来，孩子也会慢慢熟练掌握刷牙的方法。

刷牙跟学习一样，都会影响到孩子的未来。从孩子还小的时候就开始培养他们良好的习惯，他们长大之后，会非常感谢你的哦（笑）！

绘本至少每人一万本

我家的 4 个孩子，每一个都听我读过一万本绘本。我从一开始就有个目标——在他们 3 岁以前要给他们读一万本绘本，所以就自己算了一下一天需要读多少本。计算的结果是，每天读十本就能达成目标了。我的 4 个孩子都是坐在一起听我读书的，所以读一本书就算是每个孩子都听了“一本”了。我倒也没有读完四万本那么多。有很多绘本是我从图书馆借回来的，所以听到这个数字先别忙着惊讶，其实这件事比你想象的要简单。

温柔、有趣、快乐、珍惜……绘本的世界充满了这样正面的情感，有很多故事都写得很好，不光是孩子听得开心，负责朗读的父母也能享受其过程的快乐，得到精神上的满足。

也请你和自己的孩子一起，享受美妙的绘本世界吧！

多听的孩子长得快

绘本在我们家，基本上都是“读”给孩子听的。国语也好，九九乘法表口诀也好，历史年号也好，孩子总是用耳朵接收新事物。因此，和孩子关系最亲密的父母的话会对他们产生多大的影响，相信你心里也已经有数了吧。

作为父母，要尽可能吐字清晰，用语法正确的国语多跟孩子说话，享受他们的语言能力逐渐提升的过程哦！

孩子总是像父母

周围的大人、同龄的朋友、电视机、绘本……年纪小的孩子真的像海绵一样，能从一切地方吸收知识。基本上，孩子的学习是从“模仿”开始的，所以，如果父母说脏话，孩子就会跟着说脏话；如果父母对别人不讲礼貌，那么孩子也会变得没礼貌；如果父母是那种能够体贴他人，见到别人会爽朗地打招呼的人，那么孩子一般也会一样讨人喜欢。

孩子和父母这么相似，除了遗传以外，还有一个更重要的原因是他们从很小的时候就开始模仿父母。所以，为人父母可不能在孩子面前做出失礼的事情哦！

2 岁的孩子
有时也能当老师

孩子是非常不可思议的生物。他们就像洁白无瑕的画布一样，总能注意到一些大人视若无睹的事物。孩子纯真的视角，经常超出大人的预料，给大人带来全新的感悟。

只要不把孩子当作自己的所有物，我们就可以从他们那美妙独特的视角之中，学到很多东西。何不从现在开始打开心扉，从孩子的世界中学习新的知识呢？

“痛痛”是不会飞走的

要是很小的孩子受了伤或者擦破皮，大人就会安慰他们：“痛痛飞走啦！”但是这句话，我从来都没有说过。痛就是痛，怎么可能会飞走呢？

明明孩子正在因为膝盖流血而哭泣，你却跟他说：“不痛不痛哦！”说这种空话有什么意义呢？我非常不喜欢这种话。

孩子受伤的时候，应该先跟他说“你流血了呀，很痛吧？”来表示同感。我认为，应该让孩子清楚地接受自己真实的状态。如果当时的情况不允许孩子哭泣的话，就要让孩子理解：虽然很痛，但是也要忍住才行。如果必须让孩子赶快站起来，就要让孩子理解：再痛也要先自己站起来。

而“不痛不痛了”只是父母用来糊弄孩子的话，根本就派不上用场。

脐带是世上
最坚固的联系

如果妈妈没有生下孩子，那么这个孩子也就不会存在于这个世界上了。每天过着平常的生活，母子关系就会显得十分理所当然，但是仔细想想看，这其实是一件非常了不起的事情。说得夸张点，妈妈是一个独立的人的创造者。不管学校和补习班的老师说什么，不管这个世界如何非难你的孩子，还请妈妈们一直陪在孩子身边，给孩子一个温暖的拥抱。从孩子呱呱坠地的那一刻开始，妈妈就一直看着孩子成长，所以有很多事情，除了妈妈以外，是没有任何人能看见的。因此妈妈才是最适合陪伴孩子学习的人。

但是，如果妈妈的爱太过深重，导致眼里除了孩子再也容不下其他东西，那这也挺让人困扰的。有时候，离得太近反而会无法正确看待事情，所以也不要失去倾听周遭意见的冷静之心哦！

让孩子觉得
“等我长大了一定
更开心”就赢了

前面说过，父母是孩子在独立走向社会以前的援助者。除了学习，在孩子走向社会以前，父母要教会孩子应有的正确三观，这是一个非常重要的任务。其实父母还有另一个重要的任务，那就是让孩子也能为自己的成长感到高兴，并觉得“等我长大了去工作，一定很开心！”当然，成年人的世界是很复杂的。不管怎么努力都得不到认可、好心得不到回报、冲突矛盾……类似的事情还是常见的，而且无论从事哪个职业都一样。但是，只要以感恩之心对待自己的工作，又或者只要有那么一瞬间感觉到自己确实对社会做出了贡献，那份欣喜也就足够支撑着我们每天继续努力工作了。正是在这样的每一天之中，我们找到了挚爱的家人，这份至高的幸福是只属于成年人的宝物。虽然成年人会遇到很多不开心的事情，但是人生中也有很多开心和有趣的事——请为你的孩子做出这样的榜样吧！只要能让孩子觉得“长大成人也不错嘛”，你的育儿“事业”就已经获得成功了！

从目标开始倒推

有些人说，只要持续努力，自然会看到目标。但我觉得这句话是错的。“努力”这个词实在是太空泛了，一味努力是不可能找到目标的。

首先要确定具体的“赛道终点”，然后再推算出起跑点和终点之间的距离。掌握好跑道的长度和状况之后，再朝着终点拼命奔跑，这才是到达目的地的唯一方法。

人的目标形形色色、有小有大，但最重要的是，一定要把目标具体化。例如，备考前要先决定好具体考哪所学校的哪个系、哪个专业。其他的事情也一样，设定目标要尽量具体化，具体到地点、人名、公司、数字、日程，等等。

不管做什么决定，只要父母和孩子事先商量好，孩子就不会有什么后顾之忧，然后就可以放手去努力啦！

等到 18 岁，留给父母的就只有背影了

为人父母，养儿育女，是很难一直保持从容的。也许你会伤心难过，忍不住要自问：这样痛苦的生活到底要持续到什么时候。但是，请你好好想一想，这样的生活，只会持续到你的孩子 18 岁进入大学而已。即使在此之前的 18 年内，你们每天好几个小时都黏在一起，分担悲伤、分享喜悦，但到了那个时候，孩子一定会像一阵风一样离开父母，父母能看见的就只剩下孩子的背影了。

18 年，其实真的是转瞬而过。我现在还想回到那段照顾孩子生活的时间呢（笑）！所以，我希望父母连当下的烦恼都能一并享受，因为这是只有在养育孩子的时候才能体会到的甜蜜的烦恼啊！

孩子们从呱呱坠地到离巢独立，中间不过 18 年，请父母们珍惜这段时间。

育儿的最终目标是“自活”

写到这里，我已经通过各种例子，总结了我作为一个妈妈认为比较重要的心得。

经常听人说，育儿的最终目标是让孩子“自立”，但“自立”这个词的含义其实是很暧昧的。由于孩子个人的状况和年龄不同，父母对“自立”的理解也会不一样。能自己出门买东西，能自己做饭，能自己打工赚零花钱，能自己离开家去住宿舍……标准实在是太多了，不同人理解的“自立”都不一样。

不过，父母的最终目标，应该是孩子“能够自己赚取生活所需的金钱，独立生活，能够进入社会找到工作”吧。这应该叫作“自活”才对。一旦开始工作，人生很大一部分的时间是在职场中度过的。因此，我们都希望孩子能找到对他们而言有意义的且为之感到骄傲的工作。让孩子们尽可能考上好大学，其实也就是为了达成这个目标。要想增加孩子们的选择，提高他们找到心仪工作的可能性，基础的学习能力和知识是很重要的。

所以，现在课本上的拼音、汉字、算术题等基础学习，会直接关系到孩子们将来的幸福，还请不要忘记哦！

上天只给了父母们一个使命，那就是照顾好自己的孩子，用爱去养育他们，最后将他们送入社会。要想完成这份使命，在一定程度上也需要某种觉悟。父母需要做好把个人时间让给孩子们的心理准备，甚至很多时候，为了照顾孩子，还会不得不放弃自己想做的事情。但是，跟孩子一起度过的这段时间，在父母的人生当中，一定是无可替代的回忆。

而且，孩子是绝对不会忘记父母为自己做过的事情的。一生一世，绝不忘记。

爸爸们，妈妈们，从今天开始，还请尽情享受这份世界上最珍贵的任务吧！

后　记

我的大儿子是在 1991 年出生的，当时我看着儿子的脸，心里想的是："现在什么事都可以靠电器了，我应该不用其他人帮忙，也能轻松养大他吧。"洗衣服、做饭和搞卫生都可以交给机器，所以我当时乐观地认为我可以不用管家务活，只需专心养育儿子。

但是，很快我就发现，自己大错特错。

不错，米饭可以用电饭煲煮，衣服可以丢进洗衣机洗，跟以前的人比起来，我确实是轻松多了。但是，育儿并不像我想象中那么单纯，而且之后我又接连生下了 3 个孩子，同时照顾 4 个孩子的生活实在是太累了。我每天都有做不完的事情，从早上到晚上，连坐下喘口气的时间都没有。

那时候，我每周都要去百货大楼里的幼儿教室上一次课，所以就把刚出生的女儿放在大大的婴儿车里，怀里抱着 3 岁的三儿子，让大儿子和二儿子紧紧抓住婴儿车，一起走在百货大楼里。

我们的这副样子，在旁人看来似乎是非常辛苦的。当我们在百货大楼里逛了一个小时的时候，不知为何，有 4 位女性上来搭话。

来搭话的人，都会说些“这些都是您亲生的孩子吗？”“您真辛苦呀，路上要小心！”“这位妈妈，你不要太勉强哦”之类关心的话。

有一天，我像平常一样上了电梯，到了指定楼层之后带着 4 个孩子匆匆忙忙地跑出去，就在电梯门即将关闭的时候，有一位女性从门缝里朝我挥手并喊道：“那位妈妈，您要加油！”

那时的我每一天都手忙脚乱，总觉得这世上没有一个人是站在我这边的，疲惫也达到了顶峰。那位上了年纪的女性随口说的一句话，竟成了我巨大的精神支柱，重新给了我一股前进的力量。现在想起来，我依然热泪盈眶，禁不住想要感谢她。

我一直在想，等我的孩子长大以后，我也要通过某种方法，报答这些温柔的人对我的关心。

但是，我并不认识这些人，当然也就没法当面去道谢。因此，我想到，把我的经验分享给现在正在养育孩子的妈妈们，也算是一种间接传达感激之情的方法吧。

希望这本书能够给正在因为养育孩子而感到疲累的妈妈们带去我的那一声："那位妈妈，您要加油哦！"

最后，我要发自内心地感谢小学馆的下山明子小姐。从企划阶段开始我就迟迟没有进展，是她不断温柔地鼓励我，因此这本书才能诞生，真的非常感谢她。